KB231190

# 실전
# 경매성공기

# 실전
# 경매성공기

초판 1쇄 인쇄 2011년 05월 25일
초판 1쇄 발행 2011년 06월 01일

지은이 | 이호중
펴낸이 | 손형국
펴낸곳 | (주)에세이퍼블리싱
출판등록 | 2004. 12. 1(제315-2008-022호)
주소 | 서울특별시 강서구 방화3동 316-3번지 한국계량계측협동조합회관 102호
홈페이지 | www.book.co.kr
전화번호 | (02)3159-9638~40
팩스 | (02)3159-9637

ISBN 978-89-6023-610-3 03320

이 책의 판권은 지은이와 (주)에세이퍼블리싱에 있습니다.
내용의 일부와 전부를 무단 전재하거나 복제를 금합니다.

# 실전
# 경매성공기

이호중 지음

ESSAY

"경매투자로 돈을 버는 방법은 무엇입니까?"
라는 질문을 수없이 받는다.
여러 가지 방법이 있겠지만, 성공하는 경매투자의 원칙은
이렇다.

첫째, 부동산에 관한 공부를 꾸준히 하는 것이다.
둘째, 부동산 경매투자를 해보는 것이다.

내가 좋아하는 말이 있다.
"구슬이 서말이라도 꿰어야 보배"라는 말이다. 공부를 통
해 지식을 꾸준히 쌓고 실전에 투자를 해봐야 한다.

　　이번 이 경매소설을 통해 관심을 갖고 실전 경매를 시작할
수 있는 계기가 되기를 소망하며 이 책을 썼다.

# 목차



등장인물 : 이호중 소장, 노마진

# 제1장
## 경매에 입문하게 된 계기

# 경매에 입문하게 된 계기

몇 해 전 경기도 골프장 근처에서 자그마한 갈빗집을 운영하던 노마진 씨.

처음 사업을 시작할 때만 해도 시골에 있는 아버지의 땅을 팔아 자본을 마련한 터에 큰 어려움은 없어 시작은 좋은 듯 보였습니다. 하지만 다들 아시다시피 갈빗집이라는 게 무척 평범한 음식인데다, 경기도 외곽이니 모두 뜨내기손님이고, 일단 한 번 왔던 사람들이 뭐 그리 특별한 맛이 있는 식당도 아니고 하니, 다시 찾는 일이 없었습니다.

점점 손님은 줄어들고, 쌓여가는 부채에 시름시름 앓다가 결국 갈빗집을 처분하게 되었습니다.

그리하여 손에 남은 돈이라고는 서울 외곽에 위치한 24평

아파트 전세보증금 정도였죠. 막막한 마음에 일단 회사에 입사, 고정수입을 집에 가져가긴 하지만, 애들도 커가고 언제 목돈을 모아 그럴싸한 내 집 하나 마련해보나 하는 소박한 소망으로 경매에 눈을 돌려보게 되는데…….

우연히 부동산 경매에 대한 방송을 하고 있는 이호중 소장을 보게 되고, 물어물어 그를 찾아가 본인의 처지를 이야기하며 경매로 내 집 마련하는 것을 도와 달라고 부탁을 하기에 이릅니다.

# 제2장
# 경매물건 찾기

# 경매물건 찾기

노마진 : 그럼 소장님 저에게 맞는 아파트는 어떻게 찾아야 하
나요?

이호중 소장 : 일단 어느 지역에 어떤 물건을 낙찰 받을 것인가
에 대한 결정이 먼저 이루어져야 하고요. 혹시 지금
살고 계신 지역이 어디세요?

노마진 : 저는 노원구 상계동에 위치한 24평 전세에 사는데, 전
세보증금은 1억 4천만 원 정도 됩니다. 얼마 전 경기
도 외곽에서 갈빗집을 하다가 쫄딱 망해 지금은 다른
부동산은 없어요.

이호중 소장 : 아, 그러셨어요. 잘됐으면 좋았을 텐데. 노원구
는 택지 개발지역으로 평지로 되어있으며, 지하철 4

호선과 7호선의 접근성이 용이하고, 동부간선도로와 외곽순환고속도로가 가까워 서민들의 주거지로서 생활하기 편리한 곳이지요.

또한 주변에 수락산, 북한산, 도봉산, 불암산과 중랑천, 당현천이 병풍을 이루는 천혜의 자연이 둘러싸여 자연과 함께 숨을 쉬는 곳입니다.

어때요, 살아보시니까 불편한 점이 있으세요?

노마진 : 다른 건 모르겠고 더블역세권이라 그런지 주변에 마트와 병원도 많아 불편한건 모르겠는데요.

이호중 소장 : 그렇게 느끼신 게 당연할 겁니다. 서울시내에서 그런 입지가 좋은 곳도 찾기 어렵습니다. 평지로 된 대단위 아파트 단지가 그리 흔하지 않거든요. 더군다나 계획된 곳으로는.

노마진 : 그래요? 그런 건 모르고 살았는데.

이호중 소장 : 어쨌든 아파트는 단독주택에 비해 보안성과 환금성이 매우 우수합니다. 제가 생각하기에는 노원구에서 아파트를 낙찰 받아 보시는 게 좋을 듯합니다.

노마진 : 그래요? 그럼 낙찰 받을 수 있는 물건들은 어디 가서

물어봐야 되나요?

이호중 소장 : 어디 가서 물어본다기보다, 사전에 정보를 수집
하시는 게 좋은데요. 일단 〈대법원 경매정보사이트
(http://www.courtauction.go.kr)〉에 가서 매물을 검색해
보시고 마음에 드는 물건을 골라보세요.

노마진 : 그럼, 집에 가서 〈대법원 경매정보사이트〉 검색을 한
후에 다시 만나 얘기하시죠.

이호중 소장 : 네, 〈대법원 경매정보사이트〉에 들어가서서 마
음에 드는 물건을 3~4개 정도 골라오세요. 그런 다음
에 같이 다녀 보자고요.

■ 대법원 경매정보사이트(http://www.courtauction.go.kr) ■

**일주일 후**

노마진 : 제가 일주일 내내 매일매일 사이트에 들어가서 뽑아
온 물건들입니다.
제가 경매물건 검색이 처음이다 보니 어떤 물건을 뽑
아야 할지 난감하더라고요. 그런데 매일매일 들어가
서 검색해보고 하니까 약간 감이 온다고나 할까요?
그래서 세 개 정도 뽑아왔는데, 소장님께서 한번 봐
주시죠.

이호중 소장 : 자, 그럼 한번 볼까요? 첫 번째 물건은 경매신청
금액이 적어서 취하가능성이 있어 보입니다.

노마진 : 취하요? 취하라니요? 그건 무슨 뜻인가요?

이호중 소장 : 아! 제가 노마진 씨가 경매에 초보라는 사실을
잠시 잊었군요. 취하란 경매신청을 철회하는 것입니
다.

노마진 : 아하! 받을 돈이 적어서 경매가 취소될 수 있다는 거
군요. 그럼 두 번째 물건은 어떻습니까?

이호중 소장 : 두 번째 물건은 지하철에서 거리가 상당히 멀어

투자가치가 떨어져 보입니다.

노마진 : 지하철에서 멀다고요? 보기에 가까워 보였는데. 그럼 세 번째 물건은 어떻습니까?

이호중 소장 : 세 번째는 현재 그 아파트에서 살고 있는 임차인이 대항력이 없어 배당을 한 푼도 받지 못할 것 같습니다. 그래서 임차인의 명도저항이 매우 심할 것으로 생각됩니다.

노마진 : 도대체 무슨 소리에요? 우리말인데도 이해가 안가요. 대항력은 뭐고, 배당은 또 뭐예요?

이호중 소장 : 대항력은 임차인이 안 나가고 버틸 수 있는 힘이에요. 대항력이 있다면 2년 동안 거주할 수 있고, 계약만료 시에 보증금을 반환받을 수 있습니다. 배당은 간단히 말해, 낙찰대금에서 가져가는 돈 정도라고 일단 해두죠.

노마진 : 아! 그렇군요. 제가 경매 초보다보니 모든 용어들이 많이 생소하네요.

이호중 소장 : 실전에서 저와 함께 다니다 보면 생소한 용어들은 저절로 익숙해질 겁니다. 저의 경험상 네 번째 물

건이 좋아 보이는데요. 더블역세권이며 역까지 거리
도 가깝고, 경매취하 가능성도 적고, 현재 소유자가
거주하고 있어 명도저항도 그리 크지 않을 것으로 예
상됩니다.

노마진 : 그럼, 그 다음순서는 뭡니까?

# 제3장
# 자료수집 및 현장답사

# 자료수집 및 현장답사

이호중 소장 : 부동산에 대한 기초조사와 권리분석을 해야 합
니다.

노마진 : 계속 모르는 말씀만 하시는군요. 설명이 필요할 것 같
습니다.

이호중 소장 : 부동산에 대한 기초조사라는 것은 지금 아파트가
얼마에 거래되고 있는 지를 먼저 확인해야 합니다. 그
것은 〈국토해양부 사이트(http://www.rtmltm.go.kr)〉에
〈부동산아파트 실거래가〉 조회하시면 확인을 하실 수
있습니다.

기초조사를 하는 이유는 경매라는 것이 실거래가 보
다 좀 더 저렴하게 구매하기 위한 것에 주 목적이 있

는데, 요즈음은 경매를 하는 사람이 예전보다 늘어나서 실거래가보다 비싸게 낙찰 받는 경우도 종종 있습니다. 실거래가를 확인하시고 나면 '경매의 3대 주요문서'를 확인하셔야 하는데요. 〈감정평가서〉, 〈현황조사서〉, 〈매각물건명세서〉가 '경매의 3대 주요문서'입니다.

노마진 : 뭐 그리 확인할 게 많습니까?

이호중 소장 : 그렇게 쉽다면 경매로 돈을 버는 사람이 많겠죠?

노마진 : 하긴. 그럼 그 3대 문서는 어디서 확인해야 합니까?

이호중 소장 : 그것 역시 〈대법원 경매정보사이트〉에 가시면 확인할 수 있습니다.

부동산아파트 실거래가(http://www.rtmltm.go.kr)

노마진 : 네, 그렇군요.

이호중 소장 : 간략하게 설명을 드리자면, 〈감정평가서〉는 부
　　　　　동산 가치를 평가하여 경매가격을 정해놓은 문서이
　　　　　고, 〈현황조사서〉는 경매부동산의 현황을 조사하여
　　　　　작성한 문서입니다. 마지막 〈매각물건명세서〉는 매각
　　　　　물건에 대한 중요사항을 요약, 정리해 놓은 것입니다.

100419-04-0042

# (아파트)감정평가표

본 감정평가서는 부동산가격공시 및 감정평가에 관한 법률에 따라 공정, 성실하게 감정평가하였음.

감 정 평 가 사                                    (인)

| 평가가액 | —金삼억일천만원整 (₩210,000,000.—) | | | | |
|---|---|---|---|---|---|
| 평가의뢰인 | 서울북부지방법원 사법보좌관 서영식 | | 평가목적 | | 경매 |
| 소유자또는 대상업체명 | 감부제 0000아파트 0000 | | 제출처 | | 경매5계 |
| 채무자 | - | | 평가조건 | | - |
| 목록 표시근거 | 귀 제시목록 | | 공부제공 2010.04.00 | 조사기간 2010.04.09~2010.04.00 | 작성일자 2010.04.00 |

| | 공부(의뢰) | | 사정 | | 평가가액 | |
|---|---|---|---|---|---|---|
| | 종별 | 면적(㎡) | 종별 | 면적(㎡) | 단가 | 금액 |
| 평가내용 | 建 | 98,125.7㎡— 28.59 9812㎡.7 | 建 | 28.59 동등 | | 210,000,000 |
| | 전 | 59.00 | 전 | 59.00 | | |
| | 이 | | 하 | 여 | 백 | |
| 합계 | | | | | | ₩210,000,000 |

평가가액 산출근거 및 그결정에관한 의견

" 별지 참조 "

■ 감정평가서 ■

| 법원 | 서울북부지방법원 | 명령회차 | 1 ∨ 회 |
| --- | --- | --- | --- |

**현황조사내역**

◎ 기본정보

**사건번호 :** 2010타경0000 부동산임의경매

**조사일시 :** 2010년04월26일11시34분    2010년04월27일11시15분

**부동산 임대차 정보**

| 번호 | 소재지 | 임대차관계 |
| --- | --- | --- |
| 1 | 서울특별시 노원구 상계동 720 상계주공아파트 613동 1707호 | 0명 |

**사진정보 :** 전경도 1건

◎ 부동산의 현황 및 점유관계 조사서

**1. 부동산의 점유관계**

| 소재지<br>점유관계 | 1. 서울특별시 노원구 상계동 720 상계주공아파트 613동 1707호 |
| --- | --- |
| 기타 | * 본 건 현황조사에 의하여 현장 방문하였으나, 폐문부재 김부채 자 및 점유자들을 만나지 못하여 안내문을 투입하였으나 아무 연락이 없어 점유자 확인 불능임. * 전입세대 이상호(소유자)를 발견함. |

본 문서는 2010년 12월 13일 09시 기준으로 현재시점과 차이가 있을 수 있으므로 입찰전 반드시 확인후 입찰하시기 바랍니다.

## ■ 현황조사서 ■

## 매각물건 명세서

| 사건 | 2010타경 0000 부동산임의경매 | 매각물건번호 | 1 | 담임법관(사법보좌관) | 서영식 |
|---|---|---|---|---|---|
| 작성일자 | 2010.10.20 | 최선순위 설정일자 | 2003.6.26 근저당 | | |
| 부동산 및 감정평가액<br>최저매각가격의 표시 | 부동산표시목록 참조 | 배당요구종기 | 2010.07.12 | | |

부동산의 점유자와 점유의 권원, 점유할 수 있는 기간, 차임 또는 보증금에 관한 관계인의 진술 및 임차인이 있는 경우 배당요구 여부와 그 일자, 전입신고일자 또는 사업자등록신청일자와 확정일자의 유무와 그 일자

| 점유자의<br>성명 | 점유부분 | 정보출처<br>구분 | 점유의<br>권원 | 임대차<br>기간<br>(점유기간) | 보증금 | 차임 | 전입신고일<br>자.사업자<br>등록신청일<br>자 | 확정일자 | 배당요구<br>여부<br>(배당요구<br>일자) |
|---|---|---|---|---|---|---|---|---|---|
| | | | | 조사된 임차내역 없음 | | | | | |

〈 비고 〉

※ 최선순위 설정일자보다 대항요건을 먼저 갖춘 주택.상가건물 임차인의 임차보증금은 매수인에게 인수되는 경우가 발생할 수 있고, 대항력과 우선 변제권이 있는 주택.상가건물 임차인이 배당요구를 하였으나 보증금 전액에 관하여 배당을 받지 아니한 경우에는 배당받지 못한 잔액이 매수인에게 인수되게 됨을 주의하시기 바랍니다.

※ 등기된 부동산에 관한 권리 또는 가처분으로 매각허가에 의하여 그 효력이 소멸되지 아니하는 것

해당사항 없음

※ 매각허가에 의하여 설정된 것으로 보는 지상권의 개요

해당사항 없음

※ 비고란

전입세대주로 김부채(소유자)가 등재되어 있음.

※ 주1 : 경매, 매각목적물에서 제외되는 미등기건물 등이 있을 경우에는 그 취지를 명확히 기재한다.
　　 2 : 최선순위 설정보다 먼저 설정된 가등기담보권, 가압류 또는 소멸되는 전세권이 있는 경우에는 그 담보가등기, 가압류 또는 전세권 등기일자를 기재한다.

본 문서는 2010년 12월 20일 03시 기준으로 현재시점과 차이가 있을 수 있으므로 입찰전 반드시 확인후 입찰하시기 바랍니다.

■ 매각물건명세서 ■

노마진 : 아하! 그럼 다 확인된 건가요? 이제 입찰만 하면 되는
겁니까?

이호중 소장 : 급하시긴. 또 확인할 것이 있습니다.

노마진 : 또 있습니까? 이번엔 어떤 건가요?

이호중 소장 : 〈토지이용계획확인원〉입니다.

아파트는 실제 토지라는 말이 있습니다. 그 아파트 한
호수가 단지 전체에서 차지하는 토지면적과 토지용도
가 매우 중요합니다. 그래서 아파트 번지의 토지이용

| 토지소재지 | 지번 | 지목 | 면적(㎡) |
| --- | --- | --- | --- |
| 서울특별시 노원구 상계동 | 720 | 대 | 90663.6 |

| 지역.지구등 지정여부 | 「국토의 계획 및 이용에 관한 법률」에 따른 지역.지구등 | 도시지역,제3종일반주거지역,제1종지구단위계획구역(자세한 사항 별도확인 도시관리과),도로(접함) |
| --- | --- | --- |
| | 다른 법령 등에 따른 지역.지구등 | 대공방어협조구역(위탁고도:77-257m)〈군사기지 및 군사시설 보호법〉, 과밀억제권역〈수도권정비계획법〉,학교환경위생 정화구역(※종확인 프판할교육청에반드시확인)〈학교보건법〉 |
| 「토지이용규제 기본법 시행령」 제9조 제4항 각 호에 해당되는 사항 | | [추가기재] 주택건설용지 본계획선은계획적인것으로정밀불요하는것은촉량요함 |



■ 토지이용계획확인원 ■

계획상의 용도지역을 확인하는 것이 중요합니다.

노마진 : 그럼 어떤 용도지역이 좋다는 말씀이시죠?

이호중 소장 : 제2종 일반주거지역보다는 제3종 일반주거지역
이 좋고 또 그보다는 준주거지역이나 상업지역이 좋
습니다.

노마진 : 왜 그것이 더 좋다는 말씀이시죠?

이호중 소장 : 나중에 재건축시에 더 높이 더 많이 지을 수 있
는 용적률이 높습니다.

노마진 : 아, 그렇군요. 그럼 경매물건의 토지이용계획상의 용
도지역은 뭡니까?

■ 대법원 인터넷 등기소(http://www.iros.go.kr) ■

이호중 소장 : 제3종 일반주거지역으로 경매대상으로는 무난하
죠. 다음은 등기부등본을 열람해 봐야 합니다.

노마진 : 등기부등본은 어디서 열람하는 거죠?

이호중 소장 : 〈대법원 인터넷 등기소(http://www.iros.go.kr)〉
에서 누구나 열람할 수 있습니다.

노마진 : 〈등기부등본〉에서 무엇을 확인하죠?

이호중 소장 : 소유자를 확인하고 말소기준권리를 확인합니다.

노마진 : 말소기준권리요?

### 주요 등기사항 요약 (참고용)

— [ 주 의 사 항 ] —

본 주요 등기사항 요약은 증명서상에 말소되지 않은 사항을 간략히 요약한 것으로 증명서로서의 기능을 제공하지 않습니다.
실제 권리사항 파악을 위해서는 발급된 등기부를 필히 확인하시기 바랍니다.

[집합건물] 서울특별시 노원구 상계동 720 상계주공아파트 613동 1707호    고유번호 1113-1996-053966

**1. 소유지분현황 ( 갑구 )**

| 등기명의인 | (주민)등록번호 | 최종지분 | 주 소 | 순위번호 |
|---|---|---|---|---|
| 김부채(소유자) | 650325-1****** | 단독소유 | 서울 노원구 상계동 720 주공아파트 613동 1707호 | 2 |

**2. 소유지분을 제외한 소유권에 관한 사항 ( 갑구 )**

| 순위번호 | 등기목적 | 접수정보 | 주요등기사항 | 대상소유자 |
|---|---|---|---|---|
| 1-1 (전 2-1) | 약정/금지사항/환매특약 | | 특약 : 이 주택은 주택건설 촉진법에 의한 대한주택공사와의 약정에 의하여 1990년 6월 20일까지 전매할수 없음 | 김부채 |
| 23 | 압류 | 2009년2월18일 제12786호 | 권리자 국민건강보험공단 | 김부채 |
| 24 | 압류 | 2009년11월27일 제120530호 | 권리자 국 | 김부채 |
| 25 | 가압류 | 2010년4월5일 제25603호 | 청구금액 금7,082,634 원 권리자 주식회사 신용보증기금 | 김부채 |
| 26 | 임의경매개시결정 | 2010년4월12일 제30497호 | 채권자 금호생명보험 주식회사 | 김부채 |

**3. (근)저당권 및 전세권 등 ( 을구 )**

| 순위번호 | 등기목적 | 접수정보 | 주요등기사항 | 대상소유자 |
|---|---|---|---|---|
| 13 | 근저당권설정 | 2005년6월26일 제35594호 | 채권최고액 금273,000,000원 근저당권자 금호생명보험 주식회사 | 김부채 |

1/2      출력일시 : 2010년11월05일 오후 1시26분27초

■ 등기부등본 ■

이호중 소장 : 예, 가장 먼저 설정된 저당권입니다. 여기서는
　　　　　　　금호생명보험의 근저당권 2008년 06월 26일 이네요.
　　　　　　　그 이전에 설정된 것은 인수하고, 그 이후의 모든 권
　　　　　　　리는 경매로 소멸합니다.

노마진 : 그럼 이 건은 모두 소멸하겠네요?

이호중 소장 : 그렇습니다. 좋아요. 일단 푹 쉬시고 내일 아침
　　　　　　　일찍 현장에서 봅시다.


**다음날 아침,**


이호중 소장 : 차를 몰고 오셨네요. 현장답사할 때는 차를 가져
　　　　　　　오시면 안 되는 데요.

노마진 : 왜요?

이호중 소장 : 차량을 가지고 교통의 용이성과 접근성을 보는
　　　　　　　것도 좋지만 주변을 직접 걸어보면서 말 그대로 현장
　　　　　　　을 확인하는 것이 중요합니다.

노마진 : 주변에서 무엇을 확인 하나요?

이호중 소장 : 제일 먼저 지하철역과의 거리가 제일 중요합니
다. 상계주공 613동은 지하철 4호선까지 도보 5분, 지
하철 6호선까지 도보 7분 거리입니다.

노마진 : 아, 또 무엇을 봐야 하나요?

이호중 소장 : 당연히 교육시설이지요. 초등학교, 중학교는 어
디에 위치해 있는지, 걸어서 갈 수 있는 곳인지를 확
인해야 합니다. 지금 보는 이 물건은 초등학교, 중학
교에서 아주 가깝네요.

노마진 : 그렇구나. 이제 우리 아이도 곧 초등학교에 들어갈 텐
데. 그리고 또 무엇이 있죠?

이호중 소장 : 도보 7분 거리에 롯데백화점이 있고, 차량으로
10분 거리에 홈플러스, 롯데마트, 이마트, 하나로 마
트가 있고, 차량으로 5분 거리에 상계백병원과 을지
병원이 있네요.
창동 차량기지 이전과 운전면허시험장 이전 등 개발
호재도 많은 곳입니다

노마진 : 위치가 정말 좋아요. 그 다음에는 무엇을 해야 하나요?

이호중 소장 : 이 정도면 초보인 노마진 씨에게 충분할 것 같은

데요. 마지막으로 대항력을 확인하기 위해 해당호수의
전입세대를 조사해야 합니다. 이젠 동사무소로 가시죠.

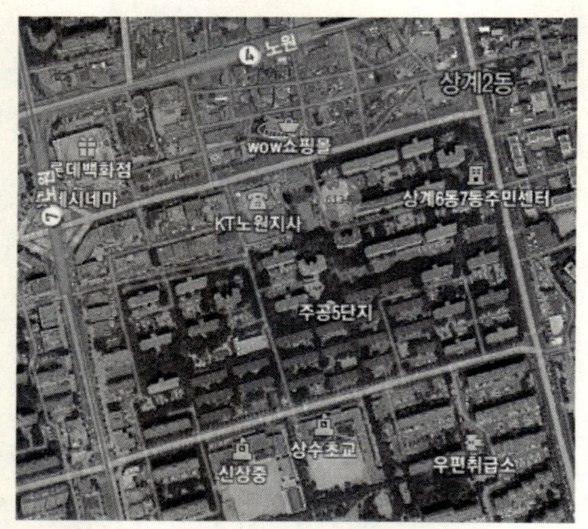


■ (위치표시 : 노원역 / 초등학교 / 중학교 / 롯데백화점 /
상계백병원 / 창동 차량기지 / 운전면허시험장) ■

## 동사무소 도착

이호중 소장 : 세대열람확인서를 작성하여 613동 1707호의 전
입한 날짜를 확인해야겠죠. 전입세대를 확인해 보니
2000년 9월 30일에 세대주며 소유자인 김부채 세대만

전입되어 있네요. 소유자는 전입일자와 상관없이 대
항력이 없습니다.

이호중 소장 : 현지에서 거래되는 24평형의 아파트의 시세를
확인해야겠죠?

아파트를 매수하는 매수자의 입장에서도 물어보고,
아파트를 매도하는 매도자의 입장에서도 가격을 확인
해봐야겠죠?

www.goodauction.co.kr

## 전입세대열람 내역(동거인포함)

행정기관 : 서울특별시 노원구 상계6,7동

작업일시 : 2010년 11월 12일 14:13
페이지 : 1

주소 : 서울특별시 노원구 상계동 (일반/산) 720 주공아파트 613동 1707호

| 순번 | 세대주성명 | 전입일자 거주상태 | 최초전입자 | 전입일자 거주상태 | 동거인 수 | 동거인사항 | | |
| --- | --- | --- | --- | --- | --- | --- | --- | --- |
| | | 주소 | | | | 순번 성명 | 전입일자 | 거주상태 |
| : | 김부채 | 2000-09-30 거주자 | 김부채 | 2010-09-30 거주자 | | | | |
| | 서울특별시 노원구 상계동 720 (3//1) 주공아파트613동1707호 | | | | | | | |

- 이하여백 -

■ 전입세대열람 내역 ■

저기 공인중개사 사무실이 있네요. 자, 들어가 보시죠.

## 부동산 중개업소 방문

공인중개사 : 어서 오세요.

이호중 소장 : 안녕하세요. 613동 1707호 소유자인데 현재 얼
마에 팔 수 있을까요? 급한 사정이 있어서.

공인중개사 : 지금 매매가는 3억 5백만 원 정도입니다. 얼마 전
에 3억 1천만 원에도 613동이 거래되었습니다.

이호중 소장 : 현재 급매로 가장 저렴한 물건은 얼마인가요?

공인중개사 : 아무리 그래도 3억 5백만 원 이하는 없어요.


## 여기는 613동 아파트 앞

노마진 : 아니, 우편함은 왜 뒤져보고 그러세요?

이호중 소장 : 현재 사람이 살고 있는지 우편함을 보면 알 수
있잖아요. 우편함에 편지봉투가 하나있는 걸 보니 현
재 사람이 살고 있겠네요. 그리고 그 사람 이름이 전
입세대 열람을 했던 소유자 김부채인 걸 보니 큰 걱정

은 없어 보입니다. 한번 올라가 보시죠.

노마진 : 아이고 무서워서 어떻게 문을 두드리나요? 그냥 입찰
에 참여하면 안 될까요?

이호중 소장 : 경매로 부동산을 사는 것도 일종의 매매의 한 방
법입니다. 단지 국가가 매매하는 시스템이므로 많이
두려워하실 필요가 없습니다.


한숨을 쉬고 초인종을 누른다. 딩동.


노마진 : 아무 소리도 안 나는데 그냥 가시죠.

이호중 소장 : 아닙니다. 사람이 있어도 한두 번 눌러서는 안
나온다니까요.


딩동, 딩동.
잠시 후 살짝 문이 열리고 그 순간 이호중 소장이 자신의
발을 재빨리 문틈사이로 살짝 끼운다(왜? 문 닫고 들어갈까
봐).

소유자 : 누구세요?

이호중 소장 : 경매조사 왔는데요.


　　　문틈으로 살짝 집안을 살펴보는 이호중 소장.


이호중 소장 : 인테리어는 최근에 하신 것 같은데, 언제 하셨
　　　　　죠?

소유자 : 됐거든요.

이호중 소장 : 혹시 물새는 곳은 없으세요?

소유자 : 네, 없습니다. 빨리 나가주시죠.

이호중 소장 : 네, 실례가 많았습니다.


　　　소유자가 문을 닫고 들어간다.


노마진 : 뭐 별로 본 것도 없구먼.

이호중 소장 : 경매당한 물건의 상태를 확인해 보았습니다. 제
　　　　가 보기에는 소유자가 최근에 내부 인테리어를 깔끔
　　　　하게 하여 큰 보수비용 없이 쓸 수 있는 최상의 물건

인 것 같습니다.

노마진 : 아, 그 짧은 시간에 많이도 확인하셨네요. 또 어디 갈
데가 남았어요?

이호중 소장 : 6단지 관리사무소 한 번 가 봅시다.

노마진 : 거긴 또 왜요?


**아파트 관리사무소**

이호중 소장 : 613동 1707호가 경매로 나왔는데 연체관리비는
없나요?

관리사무소 : 현재 아직까지는 연체된 금액이 없습니다.

이호중 소장 : 네 알겠습니다. 그런데 여기 와서 연체관리비 얼
마냐고 물어본 사람 몇 명이나 되죠?

관리사무소 : 아마도 최근에 4~5명 왔다 갔지요.

이호중 소장 : 알겠습니다.

노마진 : 그런 건 왜 물어보세요?

이호중 소장 : 연체관리비의 공용부분은 낙찰자가 부담해야 한

다는 판례가 있습니다.

노마진 : 공용부분이요?

이호중 소장 : 공용부분은 주차장, 계단, 엘리베이터, 복도, 노
　　　　　인정, 놀이터 등 여러 사람이 공동으로 사용하는 시설
　　　　　에 대한 비용이죠.

노마진 : 그런 것도 있어요? 근데 좀 전에 몇 명이 왔다 갔는지
　　　　는 왜 물어보셨어요? 혹시 그 사람들이 저의 경쟁자
　　　　입니까?

이호중 소장 : 네, 그렇습니다.  잘 파악하셨습니다.

노마진 : 이제 진짜 확인 다 하신 거죠?

이호중 소장 : 네, 확인 다 했습니다. 내일 입찰준비물은 신분
　　　　　증, 도장, 입찰보증금입니다.

노마진 : 신분증, 도장은 알겠는데, 입찰보증금을 얼마를 준비
　　　　해야 하는 거죠?

이호중 소장 : 최저 매각가격의 10%를 준비해야 하니, 입찰보
　　　　　증금으로 2억 4천 8백만 원의 10%, 즉 2천 4백 8십만
　　　　　원을 수표로 정확하게 준비하셔야 합니다.

노마진 : 예, 알겠습니다.

이호중 소장 : 다 된 것 같군요. 입찰하는 날 아침에 제가 등기
부등본을 확인한 후 큰 이상이 없으면 법원 정문 앞에
서 뵐게요. 좋은 꿈꾸시고요.
노마진 : 이젠 소장님만 믿어요.

# 제4장
## 경매
## 입찰하기

# 경매입찰하기

## 법원정문 앞

경매 101호 법정으로 갑니다.


노마진 : (101호 법정입구 게시판에 붙어있는 법정목록을 보며)
　　　　이건 뭐예요?

이호중 소장 : 오늘 경매가 진행되는 물건들의 목록입니다.

노마진 : 오늘 이렇게 많이 한다는 건가요?

이호중 소장 : 네, 오늘 모두 진행되는 물건들이고요, 노마진
　　　　씨 입찰물건이 여기 있네요. 오늘 정상 진행되는군요.
　　　　어제 꿈은 잘 꾸셨어요?

노마진 : 네, 어제는 꿈에 빨간 돼지가 3마리가 나왔어요.

이호중 소장 : 잘 되겠네요. 자 입찰가를 결정해야 할 시간입니다.

노마진 : 얼마가 좋을까요?

이호중 소장 : 최근 6개월 동안 노원구 상계동 아파트의 평균 낙찰가율은 감정가의 81%정도입니다. 그리고 최근에 부동산 침체기를 고려하면 시세의 81% 내외에서 낙찰될 것 같습니다.
이번 물건이 투자용이 아니라 실거주목적이므로 감정가의 82%인 2억 5천 5백만 원으로 입찰을 하시는 것이 어떨까요?

노마진 : 그럼 얼마나 싸게 사는 거예요?

이호중 소장 : 현재시세가 3억 5백만 원이므로 일반매매보다 5천만 원정도 싸게 매입하는 것이네요. 제가 보기에 예상입찰자가 4~5명 되어 보이는데, 2억 5천 5백만 원에 꼬리를 좀 붙이시죠.

노마진 : 꼬리요?

이호중 소장 : 예, 2억 5천 5백만 원에 꼬리 9만 원을 붙여 2억

5천 5백 9만 원하시죠.

노마진 : 예 알겠습니다. 소장님만 믿습니다.


**입찰장**


노마진 : 집행관이 나누어 주는 것은 뭔가요?

이호중 소장 : 입찰보증금 봉투, 입찰표, 입찰봉투를 나누어 주
네요.
최종적으로 경매관련서류(〈감정평가서〉, 〈현황조사
서〉, 〈매각물건명세서〉 등)를 열람해야 합니다.

노마진 : (경매관련서류를 보며)예전에 〈대법원 경매정보〉에서
본 것과 달라진 것이 없는데요.

이호중 소장 : 그럼 입찰하시면 되겠네요.


노마진은 입찰금액을 적어 떨리는 마음으로 입찰을 하고
기다린다.

**경매법정**

집행관 : 2010타경0000을 입찰하신 분 모두 앞으로 나와주세요.

　　　　양천구 목동의 임철수 2억 5천만 원

　　　　강남구 압구정동 이정선 2억 4천 8백만 원

　　　　송파구 잠실동 함재한 2억 5천 1백만 원

　　　　광진구 자양동 유원석 2억 5천 5백만 원

　　　　노원구 상계동 노마진 2억 5천 5백 9만 원

　　　　(주변의 탄성소리, 와~~)

집행관 : 2010타경0000의 최고 입찰가는 노원구 상계동에 노마

　　　　진 씨 2억 5천 5백 9만 원에 낙찰되었습니다.

이호중 소장 : 축하드립니다.

노마진 : 다 소장님 덕분입니다. 제가 한턱 낼 테니 가시죠. 막

　　　　판 9만 원 꼬리 붙이기가 역시 최고였습니다.

이호중 소장 : 좋습니다.

## 식당에서

노마진 : 그 다음 과정은 뭐예요?

이호중 소장 : 일주일 후에 매각허가결정이 날 것입니다. 매각허가결정이란 법원에서 입찰과정에 문제가 없었는지, 낙찰자가 낙찰자격이 있는지, 매각에 대한 이의신청이 없는지 등을 검토한 후 허가여부를 결정하는 것을 말합니다.

노마진 : 그럼 저는 나머지 잔금은 언제 내야 하죠?

이호중 소장 : 매각허가결정이 확정되면 30일 이내에 언제든지 잔금을 납부하라고 통지를 합니다.


## 잔금내는 날

노마진 : 오늘 잔금을 내면 제가 소유자가 되는 겁니까?

이호중 소장 : 네, 그렇습니다. 잔금을 내셨으니 법무사를 통해서 〈소유권이전등기〉를 하세요.

〈소유권이전등기〉를 할 때 인도명령 신청을 같이 해
야 합니다.

노마진 : 인도명령이요?

이호중 소장 : 인도명령은 낙찰자가 잔금을 완납한 후에 부동
산 점유자를 내보내는 것입니다.

노마진 : 이제 모든 과정이 끝난 거죠?

이호중 소장 : 급하시긴. 이제 소유자로서 현재 살고 있는 점유
자를 내보내야 노마진 씨가 그 집에 들어가 살죠.

노마진 : 그냥 제가 들어가는 거 아니에요?

이호중 소장 : 이건 경매잖습니까? 매매와는 다르죠.

노마진 : 모레쯤 가봐야겠네요.

이호중 소장 : 지금 가봅시다.

노마진 : 조금 무서운데, 안 나간다고 하면 어떡하죠?

이호중 소장 : 그래서 좀 전에 인도명령을 신청하지 않았습니
까?

노마진 : 그리고 제가 듣기로 이사비용으로 상당한 돈을 요구
한다고 그러던데.

이호중 소장 : 사실 법원에서 인도명령 신청을 받아 명도집행

을 하려면 비용이 듭니다. 명도집행을 하지 말고 그 비용을 이사비용으로 지불하는 관행이 있습니다. 노마진 씨도 시세보다 많이 싸게 사셨으니까 명도집행보다는 이사비용으로 협의를 하시는 게 좋을 것 같은데요.

노마진 : 좋습니다. 그럼 가보시죠.

이호중 소장 : 빈손으로 가기보다 음료수라도 한 박스 들고 가시는 게 좋을 것 같은데.

제5장
# 명도하기

# 명도하기

**그 집 앞**

   딩동, 딩동.


노마진 : 인기척이 없는 거 보니 안에 사람이 없는 것 같아요.
이호중 소장 : 아닙니다. 제가 1층에서 봤을 때 거실에 불이 켜
        져 있었습니다.


   딩동, 딩동.
   (나지막한 목소리로)

소유자 : 누구세요?

노마진 : 저는 이번 경매에서 낙찰 받은 노마진이라고 합니다.
　　　　 들어가도 될까요?

소유자 : (퉁명스러운 목소리로)일단 들어오세요.


## 집 안


노마진 : 제가 직장에 다니며 은행에서 대출받아 이 집을 경매
　　　　 로 낙찰 받았습니다. 언제 집을 비워주실 수 있으신지
　　　　 요?

소유자 : 그 음료수는 가져가시고 저희한테 이사비용으로 1천
　　　　 만 원을 주세요, 그렇지 않으면 여기서 한 발짝도 움
　　　　 직이지 않겠습니다.

노마진 : 뭐요(혼자 속으로는 이런 도둑놈 같으니라고 생각하
　　　　 며)?

이호중 소장 : 일단 선생님 의사를 들었으니 오늘은 이만 가보
　　　　 도록 하겠습니다.

선생님이 순순히 저희에게 집을 비워주신다면 인사 정
도는 생각했었는데, 이렇게 터무니없는 떼를 쓰시면
저희도 법대로 하겠습니다. 저희 연락처 놓고 가니 필
요하면 연락주세요.


(집에서 나오며)


노마진 : 아이고 큰일 났네. 1천만 원 날리는 거 아니에요?
이호중 소장 : 걱정 마세요. 〈인도명령 결정문〉이 전달되면 아
　　　　　　마도 전화가 올 겁니다.
노마진 : 그래도 걱정이 많이 되네요. 이렇게 경매가 어려운 것
　　　　인줄 알았더라면 다시 한 번 생각해 보는 건데.


(며칠 후 노마진에게 황급히 전화가 걸려오고)


노마진 : 소장님 오늘 〈인도명령 결정문〉을 받고 그 소유자가
　　　　전화가 왔는데 같이 가주실 수 있으세요?
이호중 소장 : 물론이지요.

## 다시 그 집 앞

(이호중 소장이 노마진에게 몇 가지 제안을 하는데)

이호중 소장 : 아마도 오늘은 〈인도명령 결정문〉을 받고 기가
많이 죽었을 겁니다. 절대 약한 모습 보이지 마시고
이사비용은 2백만 원밖에 못준다고 딱 잡아 말하세
요. 잘하실 수 있으시죠?
노마진 : 걱정하지 마세요. 제 옆엔 소장님이 계시잖아요.
이호중 소장 : 자, 그럼 들어가 봅시다.


## 집 안

노마진 : 웬일로 전화를 하셨습니까?
소유자 : 법원에서 〈인도명령 결정문〉을 받았는데 지난번에는
제가 터무니없이 큰 요구를 한 것 같다는 생각이 드네
요. 좋습니다. 딱 잘라서 5백만 원만 주시면 제가 한

달 안에 집을 비워드리겠습니다.

노마진 : 5백만 원이요? 저도 선생님의 입장은 충분히 이해를
하지만 2백만 원 이상은 절대 안 됩니다.

소유자 : 경매로 싸게 사셨을 텐데 5백만 원도 아까우세요? 그
럼, 맘대로 하세요.

노마진 : 네, 저도 법대로 하겠습니다. 후회하지 마십시오!


(집에서 나오며)


노마진 : 진짜 저러다 안 나가면 어떡해요?

이호중 소장 : 걱정하지 마세요. 제가 이 업계 고수 아닙니까?
〈인도명령 집행문〉이 도착하면 생각이 바뀔 겁니다.


**며칠 후**


노마진 : 소장님 말대로 다시 전화가 왔습니다. 처음에는 화를
내며 사람 사는 세상에서 어떻게 법대로만 하냐고 소

리를 치더라고요. 제가 인도명령을 집행한다고 하니까 기가 많이 죽었습니다. 내일 다시 만나기로 했는데 한 번 더 수고 좀 해주세요.

이호중 소장 : 내일 만나서는 마무리를 짓도록 하죠. 소유자가 의기소침해 있을 테니 저번보다 1백만 원 올려서 3백만 원에 마무리 하시죠.

노마진 : 알겠습니다. 잘 할 수 있을 것 같습니다.


**집 안**


소유자 : 인도명령집행문을 받았습니다. 집을 비워주지 않으면 명도집행을 한다고 돼 있더군요. 사실 저도 그렇게 악하게 살지 않았습니다. 어쩌다 보니 사업이 망가져서 여기까지 오게 되었는데요. 제가 처음부터 무리한 요구를 한 것 같습니다. 그동안 여기서 오랫동안 살았는데 주변 눈도 있고 이사비용으로 3백만 원만 주시면 한 달 안에 집을 비우겠습니다.

노마진 : 생각 잘하셨어요. 사실 저도 내 집을 처음 장만하는
건데 여기 살고 계신 분을 강제로 내보내고 싶지는 않
았습니다. 그럼 한 달 후에 이사하시면 전화주세요.


## 한 달 후 이사하는 날

노마진 : 짐은 모두 싸셨습니까?
소유자 : 예, 한번 와서 보시죠.
노마진 : 네 알겠습니다.

　　(노마진은 아파트 내부에서 이삿짐을 다 치워진 것을 보고
이사비용으로 3백만 원을 주었다.)


이호중 소장 : 지금 당장 열쇠업자를 부르십시오.
노마진 : 왜요? 현관문 키도 받았는데.
이호중 소장 : 몇 푼 아끼려다 큰 코 다칩니다. 소유자가 똑같
은 키를 가지고 와서 다시 점유를 하게 되면 골치가

아프거든요.

노마진 : 아, 그렇군요. 당장 열쇠부터 바꾸어야겠네요. 이젠
다 끝난 건가요?

이호중 소장 : 예.

노마진 : 고맙습니다.

이호중 소장 : 그건 그렇고 성을 바꿔야겠네요.

노마진 : 예?

이호중 소장 : 한 달 만에 5천만 원을 벌었으니 노마진이 아니
라 고마진 아닐까요?

노마진 : 하하하.(큰소리로 웃으며)

그 후 내 집을 시세보다 5천만 원 싸게 산 노마진은 페인
트, 도배, 장판, 전기시설, 조명시설 등을 새것으로 교체하고 마
지막으로 입주를 하면서 경매체험을 성공적으로 마무리하였다.